AF562825

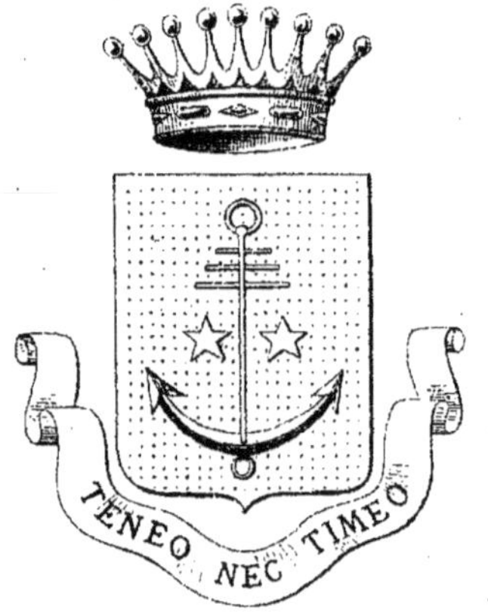
TENEO NEC TIMEO

à mon cousin Jean Destrem · souvenir a[...]
Margny le 30 avril 1891. Tenant de la [...]

NOTICE

SUR LES

TENANT DE LA TOUR

par Ch. de La Tour

1550-1875

COMPIÈGNE
IMPRIMERIE HENRY LEFEBVRE
31, RUE SOLFERINO, 31
—
1886

NOTICE

SUR LES

TENANT DE LA TOUR

RÉFLEXIONS PRÉLIMINAIRES

Les quelques pages qui vont suivre, ne m'ont pas été inspirées par un sentiment de vanité même légitime ; elle m'ont été dictées par un intérêt pressant et actuel.

Après la promulgation de la loi du 28 mai 1858, il fut ordonné par une circulaire de M. le Garde des Sceaux, à ceux des magistrats qui portaient un nom précédé de la particule, aujourd'hui si *ignarement* dite *nobiliaire*, laquelle sous l'ancien régime, n'était nullement un signe de noblesse, de justifier de leurs droits à cette prétendue distinction ; simple magistrat de première instance je ne pouvais qu'obéir, je fis ma justification, en produisant : 1° mon acte de naissance, du 11 septembre 1805 ; 2° celui de mon père J.-B. Tenant de la Tour, du 15 octobre 1779 ; on voyait dans ces actes, que sous la République et sous l'Empire, personne ne songeait à nous ôter notre particule, pour ce motif peut-être, que jamais nous n'en avions tiré une vanité ridicule et que les officiers de l'état civil, même républicains (voir l'acte de naissance de mon père délivré par la municipalité de Jumilhac) savaient que nous ne l'avions pas usurpée.

A ces deux pièces, j'ajoutai : 1° un certificat de bons et loyaux services délivré à mon aïeul, Mathieu Tenant de la Tour en 1776, par le maréchal de Noailles, son capitaine aux gardes du corps du roi, qui le qualifiait *Escuyer* ; 2° un extrait en forme et légalisé du procès-verbal de la réunion des Gentilshommes du haut et du bas Limousin, pour élire en 1789 un député aux Etats généraux, réunion dans laquelle mon aïeul, Mathieu Tenant de La Tour, avait voté non seulement pour lui, mais pour d'autres Gentilshommes absents, desquels il était le mandataire.

Averti par cette loi de 1858, qui a fait faire aux tribunaux, par les rectifications qu'ils ont ordonnées, tant de faux Gentilhommes, puisque sous l'ancien régime tant de roturiers portaientla particule, fussent-ils archers, recors, huissiers ou tabellions ; averti, dis-je, je ne veux pas que dans un avenir plus ou moins prochain, il s'élève aucun doute sur les droits de mes enfants ; je désire aussi qu'ils n'aient point à se livrer à de longues et pénibles recherches desquelles cependant les déplorables évènements de 1870 m'ont fait un passe-temps sans amertume.

Pour bien m'éclairer sur nos origines, j'ai pris un à un de vieux titres que les exigences révolutionnaires ont laissés à mon père et à ma mère ; j'ai étudié avec patience ces contrats anciens, qui jetés dans de vieux meubles, relégués dans les greniers, ont en entier ou en partie échappé aux ravages du temps, quelques uns hélas aux réparations de nos tambours d'enfant, et au lieu de dire en me contentant de m'appuyer sur ce que j'ai produit à M. le le Garde des Sceaux : *Possideo quia Possideo*, je me suis mis en mesure de prouver nettement, que depuis 1550 au moins, nous avons le droit et l'usage, non seulement de porter la particule, ce qui avant 1789 était pratiqué par les recors, les archers et tabellions, ni depuis n'a jamais été une preuve de noblesse, mais encore de dire, que depuis 323 ans au moins, nous sommes *Ecuyers*, par conséquent gentilshommes, sans que pour cela j'abandonne les temps antérieurs, sur lesquels nous n'avons qu'un seul document, la généalogie des Tenant de Razat qui remonte à 1531 et les inductions à tirer de l'acte de mariage de Jean 1er du nom en 1550 ; à quoi j'ajoute que nul homme sachant son histoire de France n'ignore que sous la monarchie, à cause des privilèges y attachés, la noblesse était souvent et juridiquement vérifiée, ainsi qu'il fut fait par d'Aguesseau en 1666 et que à tout propos, soit par envie, vice originel des couches inférieures, soit par intérêt, vice mignon de l'humanité toute entière, les roturiers ne manquaient jamais de contester la noblesse à ceux desquels l'illustration les gênait, ou à ceux desquels les privilèges ébréchaient la bourse ; mes ancêtres ont nécessairement subi toutes ces épreuves ; ils leur ont résisté, puisque dans tant de documents et d'actes de l'état civil que j'ai réunis leur titre d'Escuyer leur est resté pendant plus de trois siècles et que lors de la réunion de 1789 mon aïeul a voté avec la noblesse.

Yrieix et Jean Tenant, escuyers, seigneurs de Champ.

1 Au milieu du seizième siècle, sous le règne de
Henri II (très probablement aussi sous celui de François Ier et peut-être au temps de Louis XII), vi-
vait Yrieix Tenant *Escuyer* seigneur de Champ, près
Saint-Yrieix, paroisse de St-Pierre dans les murs (lez
Saint-Yrieix comme on disait alors) ; ce repaire noble,
2 comme on le qualifiait à cette époque, était bâti sur
la propriété du même nom, située à l'issue de la ville
de Saint-Yrieix, au nord-ouest à droite en venant de
la ville et de l'ancien chemin de Chalus par le Chalard
indiquée aujourd'hui route n° 9 ; on voit encore les
vestiges de ce manoir et son jardin, qui font partie du
borderage ayant appartenu à M. Delphin Deschamps,
avocat, devenu, je crois, propriétaire à la suite de
MM. Paignon de Laborie, héritiers dans la ligne fé-
minine de notre branche aînée, qui dans la descendance
mâle s'est éteinte ou a disparu des environs de Saint-
3 Yrieix, vers la fin du 17e siècle ou au commencement
du 18e.

En 1550, Yrieix Tenant, qui était mon aïeul au 8e

degré et duquel la femme m'est restée inconnue, mariait son fils Jean, avec Anne Fayolle, fille de Pierre, propriétaire des forges de Gandumas et de Saint-Miard, ou plus probablement Saint-Médard, près Excideuil.

Dans le contrat reçu Petit, notaire à Excideuil, daté du 20 juillet 1550, *Yrieix* et *Jean* Tenant, sont qualifiés *Escuyers*, Anne Fayolle est qualifiée *Damoiselle* ; ces deux titres à cette époque indiquaient très nettement la noblesse ; à quoi j'ajoute une fois pour toutes, pour répondre à ceux qui prétendent que ces titres
4 étaient donnés par la complaisance des notaires, qu'il faut bien que ces qualifications ne soient pas un acte de complaisance lors qu'on les retrouve reproduites à peu près dans tous les contrats consentis par une famille; j'ajouterai ensuite que tous les auteurs qui ont écrit sur la matière et particulièrement *Expilly* professent que la noblesse se prouve par les contrats et titres anciens ; qu'enfin dans les preuves qui ont été faites par les membres de ma famille tant paternelle
5 que maternelle, particulièrement lors de la vérification de d'Aguesseau, déjà citée, et lors de l'admission aux chevau-légers de mon aïeul maternel, etc., la preuve n'a pas été constatée autrement que par la production de contrats anciens, présentant cette qualification.

Yrieix, sous réserve d'usufruit, faisait don à son fils, de son domaine de Champ et de ses dépendances.

6 Je n'ai trouvé aucun autre acte émanant d'Yrieix ; mais j'ai sous les yeux et réuni au dossier de Jean, un document de 1565, qui indique qu'à cette époque sous Charles IX, un François Tenant était doyen du chapitre de Saint-Yrieix ; cette dignité dans ce temps, ne se vulgarisait pas et je dois présumer que François était frère d'Yrieix, tout au moins son contemporain et son parent. De plus j'ai possédé par ma femme à la suite des Reymond, une partie de la Forêt de Beausoleil qui s'appelle encore le *Fond du Doyen* ; c'était probablement des bois de ce nom, desquels il s'agit au document en question, que jai trouvé à Beausoleil.

7 Jean avait trois sœurs : Françoise, Isabeau et Jeanne, je n'ai encore trouvé aucun document, sur ce que sont devenues les deux premières ; Jeanne, épousa

Antoine de St-Martin *Escuyer* seigneur du Mas, (près Jumilhac, propriété que nous avons vue successivement appartenir à M. Leymarie, mort au Chalard, à mon cousin Auguste de Lavergne, à l'ancien curé des Cars, etc.) ; entre Jean et son beau-frère, intervint le 12 novembre 1580 une transaction reçue Andraud notaire, Jean y est qualifié *Escuyer* et dit domicilié *au repaire noble de Champ.*

8 Par un autre acte en date du 15 décembre 1579, reçu au château de Veaux, paroisse de Dussac, par le notaire Laguionie, Jean qualifié *Escuyer* donne à bail à colonage à Maloubier père et fils du village de Lamothe, même paroisse de Dussac, son domaine de Veaux ; comme témoin, était présent, Foucaud de Chauveron, *Escuyer* s[r] de Dussac ; or on sait que les Gentilshommes ne permettaient pas, dans les actes aux quels ils prenaient part, d'usurper leur qualité et personne n'ignore que les Foucaud étaient et sont encore de la meilleure noblesse du Périgord et du Limousin. Ils étaient les Foucaud devenus plus tard propriétaires de cette même terre de Veaux et de nos jours l'avaient vendue à M. de Courtilles qui l'a revendue à un marchand de Limoges.

9 Enfin un troisième acte de Jean, est le contrat de mariage de sa fille Frontance, avec François de Mallevergne, juge de la Roche-l'Abeille ; il est reçu Chiquet le 7 février 1596 ; dans cet acte la qualité d'*Escuyer* n'est pas donnée à Jean, mais celle de *Damoiselle* donnée à sa femme et à sa fille, indique nettement la noblesse, puis les énormes avantages relativement à la modicité de la dot, que fit à son fils le seigneur de Mallevergne, démontrent le prix qu'il attachait à cette alliance ; je remarquerai aussi, qu'il y a des indications de propriétés et de domicile, qui font présumer que ce Mallevergne est l'auteur des Mallevergne de Lafaye de Limoges.

10 **De 1596 à 1643, Antoine Tenant, Escuyer, seigneur de Champ et de Masmoreau, fils de Jean et de Anne Fayolle, époux de Bonne de Jumilhac, mon aïeul au 6e degré.**

Du mariage de Jean Tenant avec Anne Fayolle, outre sa fille Frontance mariée à Jean de Mallevergne,

naquit Antoine, *Escuyer*, seigneur de Champ et de Masmoreau ; j'ai de lui de nombreux contrats, dans lesquels il est qualifié *Escuyer* et quelque fois *noble* ; les deux
1 plus remarquables de ces actes, sont le contrat de mariage de François de Jumilhac et son testament ; ce François de Jumilhac, était déjà présent avec son père Antoine, au contrat de mariage de Frontance Tenant et de Mallevergne.

12 Le contrat du second mariage de François de Jumilhac avec Isabeau Fournet de Touvières et de Brutines, contient aussi les conditions du mariage de sa fille Marguerite née d'Hélène de Lavergne sa première femme ; il est reçu au château de Jumilhac, par le notaire Chiquet, le 3 septembre 1606 ; parmi les témoins est *noble* Antoine Tenant, habitant au repaire noble de Champ ; François de Jumilhac, habitait lui, le repaire *noble de la Tour*, paroisse du Chalard, qui lui avait été donné par son père Antoine de Jumilhac.

13 Le testament de François de Jumilhac fut reçu au repaire noble *de la Tour*, paroisse du Chalard, le 12 février 1620 ; cet acte a été fait du consentement d'Antoine de Jumilhac père de François, qui est nommé exécuteur testamentaire avec *noble* Antoine Tenant, seigneur de Champ, très probablement, puisque il était époux de Bonne de Jumilhac, le gendre d'Antoine et le beau-frère de François de Jumilhac. Cet acte est aussi reçu Chiquet. Je note ici, que ces deux contrats spéciaux de la famille Jumilhac, avaient été levés par Gabrielle Tenant, dame de Jumilhac, pour les nécessités d'un procès qu'elle soutenait contre Pierre de Jumilhac, fils de François et frère de Jean, ce dernier époux de ladite Gabrielle, ce qui explique leur présence dans nos archives.

Au même dossier d'Antoine 1er du nom, se trouvent beaucoup d'autres contrats sans grand intérêt, mais dans lesquels Antoine reçoit la qualité d'*Escuyer* ; deux seulement sont à remarquer : le premier reçu par
14 un notaire duquel il m'a été impossible de lire la signature, constate : que *noble* Antoine Tenant *Escuyer* sieur de Champ, était fils et héritier de Jean Tenant, en son vivant seigneur de Champ et qu'en cette qualité, il était débiteur du sieur Chiquet ; pour se libérer, il

vend audit Chiquet un domaine à l'Emérigie près Saint-Yrieix ; puis signe comme présent Antoine de Jumilhac ; par le second contrat, le même Antoine, *Escuyer*, afferme devant Pasquet, notaire à Excideuil, à J. de Mallet, *Escuyer*, sa propriété de Veaux, paroisse de Dussac ; le troisième acte, reçu Queiroulet, notaire à Saint-Yrieix, constate que Antoine Tenant, *Escuyer*, sieur de Champ, vend à un sieur Durand la même propriété de Veaux et le domaine l'Hospilière, paroisse de Sarrazac.

15 Cet Antoine 1er du nom, qui par son alliance avec les Jumilhac, fit entrer dans notre famille le fief de la Tour, duquel à partir de François mon trisaïeul (1678) il y a deux siècles nous avons pris le nom, était avec sa qualité d'*Escuyer* un grand industriel ; déjà son père Jean, que nous avons vu épouser l'héritière des Forges de Gandumas et de Saint-Médard, avait dû s'occuper de l'exploitation des forges, longtemps spéciale à nos pays et qui de nos jours est tombée sous les coups du *libre échange*, Antoine lui s'y était livré sur une grande échelle ; les Jumilhac, non plus, n'y étaient pas étrangers, car dans un vieux contrat, je vois l'un d'eux exploiter la forge de la Tour.

Mais Antoine mon ancètre en avait possédé et fait exploiter plusieurs au Peyrat en bas Limousin, à Baudy près Saint-Yrieix (l'étang vicomtal) aux Beiges même ; je trouve dans son dossier les traces d'opérations importantes ; des partages de fondages, des livraisons de fer battu, etc., et lorsque par suite sans doute de son grand âge, il cesse de s'occuper de ces industries, son fils, François 1er du nom, s'en occupe à son tour ; ce qui le prouve, c'est que ce François alors appelé sieur de Veaux, de la propriété de ce nom, habitait du
16 vivant de son père, la forge de *Baudy*, où je trouve son frère Antoine 2me du nom, mon aïeul au cinquième degré, traitant avec une famille Tallet de l'exploitation de son domaine de Bort.

De 1643 à 1659, Antoine Tenant, 2me du nom, sieur de Lascombas, fils d'Antoine 1er du nom et de Bonne de Jumilhac, époux de Louise Besse de Chirat, mon aïeul au 5e degré.

17 J'ai très peu de contrats d'Antoine Tenant, *Escuyer*.

2me du nom, fils d'Antoine 1er du nom et de Bonne de
Jumilhac ; mais sa filiation est clairement établie par
l'un des actes que j'ai découverts, ce contrat en date
du 26 avril 1626, reçu Queiroulet, notaire à Saint-
Yrieix, est un règlement entre ledit Antoine et un
Jacques Tallet qu'il avait placé dans son domaine de
Bort ; dans cet acte, Antoine agit tant en son nom
personnel, que comme *cessionnaire en cette partie*
d'autre Antoine, sieur de Champ son père, qui évidem-
ment n'est autre que Antoine seigneur de Champ et de
Masmoreau, mon aïeul au sixième degré ; de plus
8 Antoine, le contractant, y est dit domicilié à Bourdoux
en Périgord, or ce lieu est parfaitement connu de moi,
comme étant la résidence des Besse de Chirat, desquels Antoine avait épousé une fille.

En 1629, Antoine habitait le château de Champ avec
19 son père et le 31 juillet de la même année, en la maison de son frère aîné, François, sieur de Veaux à
l'*étang vicomtal* (Baudy), il donnait à bail, à colonage son domaine de Bort à Jacques et Antoine Tallet ;
dans cet acte, Antoine est qualifié *Escuyer* et dit sieur
20 de Lascombas ; en 1641, Antoine 1er du nom, faisait
un contrat avec les Chaussonnacx, ses fermiers à Per-
pezac et le 26 mai 1649, son fils, celui qui m'occupe,
établissait au bas d'une copie de cet acte, d'une écri-
ture parfaitement nette pour l'époque, son compte
21 avec les mêmes individus ; puis le 26 janvier 1650, au
village de Villeras, paroisse de Sarlande, où il avait
alors son domicile, Antoine qualifié *Escuyer*, achetait
une terre du nommé Giraldeau, par acte reçu
Andrieux.

22 Enfin Antoine 2me du nom, le premier duquel j'ai pu retrouver un acte de l'état-civil, mourut au lieu de Villeras le 2 mars 1659, outre François son frère, il avait une sœur nommée Gabrielle de laquelle il sera beaucoup parlé dans la suite.

De 1659 à 1692 ou 1700, François Tenant 2me du nom, Escuyer, fils d'Antoine 2me du nom et de Louise Besse de Chirat, sieur de Bort et de la Tour, mon trisaïeul.

23 François Tenant, *Escuyer* sieur de Bort et de la Tour, époux de Françoise Pagnon de Lascaux, qu'il

épousa en novembre 1679, était petit-fils d'Antoine 1er du nom et fils d'Antoine 2me du nom et de Louise Besse de Chirat; il était très probablement le fils aîné, et avait du vivant de son père pris le nom de Bort du domaine, situé près Villeras, que nous avons vu le 31 juillet 1629, donner à bail aux Tallet, famille bien connue de moi dans la commune de
24 Sarlande ; plus tard, il joignit à ce nom celui de la Tour et fut toujours depuis 1678 jusqu'à sa mort, qualifié *Escuyer* sieur *de Bort* et *de la Tour;* voici comment la propriété de ce dernier nom lui fut transmise :

25 Dans l'origine, ce fief où était une forge, de laquelle on voit encore les *litiers* dans les îles derrière l'écluse avait été donné à bail perpétuel par le prieur du Chalard à un sieur Martial Garreau et je me souviens parfaitement, d'avoir entendu dire à M. Marc du Garreau, père de mes amis Louis et Joseph, que *la Tour* avait autrefois appartenu aux du Garreau. Cette propriété fut ensuite acquise par les Jumilhac ; Antoine Chapelle, seigneur de Jumilhac et autres places, baron de Courbefit, la fit donner à l'un de ses fils François de Jumilhac, seigneur de la Tour et de la Valade, qui épousa en premières noces Hélène de Lavergne ; j'ai lieu de croire que cette Hélène était de la même famille que mon aïeule maternelle, Louise Devaux de Lavergne ; car dans plusieurs actes je trouve les Lavergne, dits seigneurs de Lavergne et de Marginier ; or, Marginier est une dépendance de la terre de Lavergne, possédée aujourd'hui par une branche des Bony, puis, dans le contrat de mariage de François de Jumilhac avec sa seconde femme, je trouve encore parmi ceux qui assistent à cet acte, un Lavergne, seigneur de Champagnac, demeurant audit
26 Château de Champagnac, où les Lavergne, auteurs de mon aïeule, habitaient encore de nos jours le château du Puy-de-Cussac tout près de Champagnac ; quoiqu'il en soit du mariage de François de Jumilhac avec Hélène de Lavergne, naquit Jean de Jumilhac, seigneur de la Tour et de la Valade, qui à son tour avait reçu de son père le fief de la Tour ; ce Jean de Jumilhac, épousa Gabriele Tenant, fille d'Antoine Tenant premier du nom et de Bonne de Jumilhac, par conséquent sa cousine germaine ; aussi décédé sans postérité, il fit Gabrielle son héritière, avec un autre de ses

parents du Mas, seigneur de Payzac. Dans le partage,
avec le sieur de Payzac, les lots furent ainsi formés:
d'un côté la terre d'Étiveau, près Saint-Germain-les-
7 Belles, composée de onze domaines ; de l'autre celle de
la Tour qui était plus considérable ; ce dernier lot
échut à Gabrielle, qui par un testament de 1678, le
transmis à mon trisaïeul, François 2me du nom, sieur
de Bort

8 Gabrielle Tenant, dame de Jumilhac, notre bienfaitrice, après le décès de son mari continua, au château de la Tour, de mener l'existence d'une grande dame ; dans une foule d'actes de baptêmes conservés dans les archives de Ladignac, elle figure comme marraine d'un grand nombre d'enfants de familles du pays ; on voit au bas de ces actes sa signature, qui a quelque chose de net et d'imposant, qui décèle la grande dame du 17e siècle. Son nom est encore inscrit sur la plus vieille cloche de l'église du Chalard, de laquelle elle fut la marraine ayant pour compère M. de Coustin du Masnadeau, comte d'Oradour.

Enfin persécutée par un frère de son mari, Pierre de
Jumilhac de Laubespin, qui lui disputait la succession,
Gabrielle se retira dans le monastère des dames de
Sainte Claire à Saint-Yrieix, dont les restes, aliénés à
la révolution, forment le pâté de maisons, qui com-
mence à la maison Sardin, à celle de Madame veuve
Serre, et se termine au magasin et bureau de tabac
Bertignac ; là elle fit son testament en 1678 devant le
29 notaire Rempnaud ; Gabrielle fut-elle une des fonda-
trices de ce couvent ou tout au moins sa bienfaitrice?
on peut le croire, car dans une lettre du 9 mai 1675, le
révérend père Mandineau, délégué du père provincial
30 des cordeliers pour la province d'Aquitaine, lui fait
part des difficultés qu'il éprouve à établir les fonde-
ments del' Eglise.

Après ces digressions, qui étaient bien dues à Gabrielle, je continue la notice de mon trisaïeul, qui est
bien facile à écrire ; les actes émanés de lui sont nombreux ; par la force des choses, plus nombreux que
ceux de mes autres ancêtres ; plus rapprochés de nous,
ils ont été mieux conservés et enfin, grâce aux soins
31 donnés à Ladignac aux registres du Chalard, il m'est
permis d'y joindre des actes de l'état civil.

Le testament de Gabrielle Tenant, dame de Jumilhac, m'est parvenu presque en lambeaux ; mais l'institution d'héritier est restée entière ; elle désigne nettement François Tenant Sr de Bort ; du reste tout ceci est parfaitement éclairci, par une transaction remarquable qui eut lieu entre Peyrot Tenant, fils de François 1er du nom et François 2e du nom, mon trisaïeul ; elle intervint dans les circonstances suivantes : Peyrot en son nom personnel et comme tuteur de Jean Tenant 2e du nom, sieur de Champ, fils de son frère aîné, était en procès avec la maison de Jumilhac de la Tour et voici à quelle occasion : Antoine Tenant 1er du nom, aieul commun de Jean de Peyrot et de François 2e du nom, mon trisaïeul, avait souscrit solidairement plusieurs obligations avec son beau-frère, François de Jumilhac, frère de Bonne, sa femme ; il avait pour le compte de ce dernier, payé plusieurs créanciers et François de Jumilhac avait reconnu cette dette, par acte reçu de Loménie, notaire à Limoges, le 6 mai 1608. Cette dette avait même atteint la fortune
33 d'Antoine, car je trouve dans un acte reçu Queiroulet, par lequel Antoine vend sa propriété de Veaux, précédemment énumérée, les mêmes créanciers qui sont énoncés dans la transaction de 1683 ; cette somme dépassait onze mille livres ; elle était considérable pour l'époque ; pour en avoir le paiement, la maison de Champ avait fait des poursuites qui s'étaient continuées contre François de Jumilhac, contre Jean son fils et son héritier, contre Gabrielle Tenant et le sieur de Payzac, héritiers de ce dernier ; François mon trisaïeul, inquiété à son tour, opposait des demandes reconventionnelles : il alléguait entre autres choses que la maison de Champ avait reçu par le testament de Gabrielle en legs particuliers : 1° le domaine de Champeix (aujourd'hui à la famille Blusson) ; 2° deux domaines à Laurière (aujourd'hui à la famille Bac à la suite des Puyredon) ; enfin, il prétendait que comme héritier de son père, Antoine 2e du nom, il avait des répétitions à exercer contre ses cousins de Champ ;
34 des amis s'interposèrent, parmi lesquels Mannet, sieur du Teindeix et le jurisconsulte de Lafont, par une transaction du 10 mai 1683 le procès fut terminé et François libéré de toute la partie de la dette qui le concernait en fut quitte en payant deux cents livres.

Cependant François Tenant, héritier de Gabrielle, représentant à la Tour les sieurs de Jumilhac eut à soutenir d'autres luttes judiciaires que celle engagée avec ses cousins de Champ ; retiré au château de la Tour, il avait voulu faire valoir par domestique, à sa main, comme l'on dit encore aujourd'hui, l'un de ses domaines ; c'était un acte de légitime propriétaire ; mais il entraînait une conséquence grave à cette époque ; les habitants du Chalard, nos bons voisins, permettaient bien que le seigneur de la Tour fît cultiver directement une partie de sa terre ; mais ils voulaient aussi qu'il supportât une partie de l'impôt assis sur la paroisse ; François, lui, soutenait que, gentilhomme, il ne devait pas payer de taille, de là, le procès : ce débat fut terminé par sentence de l'élection de
35 Limoges du 25 février 1682, reconnue par les syndic et habitants du Chalard *assemblés au son de la cloche*, par acte reçu Fournier, le 25 février 1683 ; ce contrat donne complètement raison aux sieurs de Bort et de la Tour ; sa qualité notoire de *gentilhomme* y est solennellement reconnue ; seulement les habitants stipulent qu'on les fera décharger de la quotité d'impôt qu'aurait dû supporter le domaine affranchi.

36 Du mariage de François Tenant, l'homme important de notre branche, le contemporain de Louis XIV, duquel il avait vu toutes les gloires et commencer les revers, naquirent quatre enfants (connus par les actes de l'état-civil), Paul, François, Louise et Marie, ces deux derniers avaient reçu les mêmes prénoms que mes filles ; étaient-elles sympathiques comme le sont notre Louise et notre Marie ? Il faut le croire, car par un testament que j'ai retrouvé, Charles Genty,
37 précepteur des enfants de M. de Sanzillon, seigneur de la Chabasserie, lequel Genty nulle indice ne donne lieu de croire notre parent, institue son héritier François Tenant à la charge de rendre sa succession à ses filles Louise et Marie.

L'une de ces filles, Louise, épousa le 28 février 1696 Aubin d'Abzac de la Betonie comte de Sarlande, l'ancêtre des d'Abzac de ce lieu que nous avons connu et qui existait encore en la possession d'Abzac Maître de Forges à Beausoleil et de son frère qui habite la Dordogne.

38 François eut encore une fille Peyronne qui épousa Audoineau, fils du juge de la juridiction de Ladignac.

La date précise du décès de François, ne m'est pas connue, mais il paraît certain par l'acte de naissance de son fils François en 1690 et un contrat de 1700 dans lequel sa veuve agit comme tutrice de son fils Paul, qu'il mourut entre ces deux dates; il est aussi probablement décédé à la Tour, l'acte de décès de sa veuve Françoise Paignon, dit qu'elle a été enterrée dans l'église du Chalard, au tombeau de son mari, au lieu désigné dans ma notice sur son fils Paul.

39 **De 1700 à 1740, Paul Tenant, Escuyer, sieur de la Tour, fils de François et de Françoise Pagnon, époux de Gabrielle Jarrit, mon bisaïeul.**

Paul Tenant, *Escuyer*, sieur de la Tour mon bisaïeul, naquit au château de la Tour, paroisse du Chalard, le 4 mai 1684, du mariage de François *Escuyer*, sieur de Bort et de la Tour et de Françoise Pagnon de Lascaux; il eut pour parrain son aïeul maternel Paul Pagnon, *Escuyer*, sieur de Lascaux, habitant Lascaux, paroisse de Notre-Dame de la *Haute-Chapelle* (la chapelle du Foirail rebatie par Mlle d'Abzac) du faubourg de la ville de Saint-Yrieix et pour marraine Françoise Tenant, demoiselle de Bort, sœur de son père.

40 Ayant perdu son père fort jeune, il demeura sous la tutelle de sa mère, avec des affaires un peu embarsées, car je trouve le 8 juin 1700, au bourg du Chalard, Françoise Pagnon règlant avec Dauphin Jarrit, juge de Chalard, Geoffrin Jarrit, sieur de La Grange, procureur d'office de la *même judicature* et Chinet Jarrit, sieur de Guigenet, fermiers du prieuré, les droits arriérés de rentes dûes au seigneur Suzerain, le prieur du Chalard et leur délaissant à l'acte de rachat divers immeubles, parmi lesquels le pré Jeannot, que nous avons vu appartenir aux Mrs Delille et qui acquis par le père de M. Firmin Dussoubs, forme aujourd'hui la partie basse de son grand-pré.

41 Huit ans après ce contrat, Paul épousait au Chalard le 7 février 1708, la fille de ce même Dauphin Jarrit et d'Isabeau Jarrit, Gabrielle demoiselle du Theil.

Le contrat de mariage, avait été dressé la veille,
c'est-à dire le 6 février 1708 par le notaire Jarrit, la constitution dotale était faite par Annet ou Jean, Mathurin
et Geoffroi Jarrit, curé du Chalard, frères de la future;
Cette constitution était de 2000 livres pour les droits
paternels et maternels et de 500 livres de la part du
curé Geoffroi; de ces deux frères de Gabrielle Jarrit,
l'un était Annet ou Jean, qui fut le père de Geoffroi et
2 l'aïeul de M. J.-B. Jarrit du Theil, père de M. Delille,
juge de paix de Saint-Léonard, duquel sont nés MM.
Prosper Jarrit Delile, président du tribunal de Gueret
et J.-B. Jarrit Delille, juge de paix de Saint-Yrieix,
les autres fils de M. du Theil étaient M. le curé de
Gueret, M. le curé de Saint-Yrieix; ses arrières petits-
fils sont MM. Louis Delille, député de la Creuse et
Edmond Delille, aujourd'hui receveur des Hospices
de Limoges; l'autre frère de Gabrielle *Mathurin*
Jarrit sieur des Serves, fut père de Louise, mère de
M. Jarritdu Theil, Madame Costis de Lasserve, mère de
ma bru, née Jarrit Lacombe descend aussi de Jean,
frère de Cabrielle, je dirai aux notes supplémentaires
quelle est la filiation. Ma grand'mère paternelle était
encore fille d'une Gabrielle Jarrit, fille de Geoffroi Jarrit (La transaction ci contre citée, m'apprend aussi
que j'ai oublié de dire dans la notice de François mon
trisaïeul, qu'il avait une fille du nom de Françoise,
qui lors du mariage de Geoffroi Jarrit avec sa cousine
Louise, constitua neuf cents livres à cette dernière.

43 Le 3 janvier 1714 par acte reçu Thouron, Paul Tenant donne à bail perpétuel à Pierre Jarrit, ancêtre
de l'aubergiste actuel du Chalard Auguste Jarrit, son
moulin du retour; à la suite de ce bail s'est élevé un
long procès, les Jarrit voulant le faire considérer
comme un acte féodal, le procès a été gagné complète
ment par mon père et mon oncle François, sur les plai
doiries de M. Delphin Deschamps.

Le 29 août 1723. il intervint entre mon bisaïeul Paul,
Tenant, et le prieur du Chalard, un contre contrat, qui a un
grand intérêt, en ce qu'il désigne clairement la partie de
l'église du Chalard, où reposent nos prédécesseurs à la
Tour; les Jumilhac nos parents par Bonne épouse d'An-
44 toine, 1er du nom et aussi mon trisaïeul François, sa femme Françoise Pagnon, mon bisaïeul Paul, ma bisaïeule
Gabrielle Jarrit, mais non Gabrielle, épouse de Jean de

Jumilhac, puisque décédée dans le couvent de Sainte-Claire à Saint-Yrieix, elle a été très probablement inhumée dans les tombeaux des Tenant à Saint-Pierre dans les murs, à moins cependant, ce que rien ne justifie, qu'elle ait été transportée au Chalard, quoi qu'il en soit, ce contrat dit : « que Paul Tenant s'adressant
« à Messire François de Bauroyre, prieur du Chalard,
45 « à Messire Geoffroi, vicaire perpétuel (le curé Geoffroi), à Chenet Jarrit sieur de Guigenet, à François « Jarrit sieur du Claud, juge de la juridiction du présent lieu, à Mathurin Jarrit sieur des Serves, à « François Jarrit sieur des Vigères (l'aïeul de Me Costis) « et autres notables réunis à cet effet dans une des « chambres de la maison Pricurale (la chambre que « j'habite aujourd'hui dans laquelle est mort mon « père) leur a dit et représenté, que de temps immémorial, il serait en droit et possession d'une place « tombeau, d'une largeur de six pieds, dans l'église « du présent lieu, au-dessous le chœur et pile d'icelui, « du côté droit en entrant par la porte abbatiale (la « petite porte à côté du portail de notre cour) et ce pour « l'enterrement de plusieurs de sa famille, tant pour « lui que pour les siens et successeurs à l'avenir, sur « lesquels il désirerait droit de mettre un banc. »

Cette concession lui fut faite ; « mais comme le banc « ne pouvait se placer sur lesdits tombeaux, sans incommoder le passage et service de ladite église à « cause de sa petitesse, le dit abbé permit et concéda « audit sieur Tenant, de placer un banc de la largeur « de trois pieds et demi et de la longueur de six pieds, « dans un *Plassage* situé au bas du chœur, joignant « au banc où se met le sieur de Boisse (ce dernier « remplacé par notre banc actuel) par le haut et à la « pile dudit chœur par le côté et aux tombeaux dudit « sieur par le bas ; » Comme il n'y a pas d'autres tombeaux près la petite porte, ces tombeaux sont donc ceux qui sont vis-à-vis l'autel de la Sainte-Vierge, devant le confessional ; cet acte portant le sceau de l'évêque, consenti par l'abbé de Bauroyre, seigneur important à cette époque et appartenant à une grande famille du Périgord, donne et reconnait à Paul, comme le font tous les actes à son dossier le titre d'Escuyer.

46 Du mariage de Paul avec Gabrielle Jarrit, naquirent de nombreux enfants ; deux des garçons desquels Mathieu, le parrain de son frère mon aïeul, périrent, dit une tradition à la défense de Prague par Chevert en 1741 ; le plus jeune était Mathieu, mon aïeul ; les filles desquels j'ai retrouvé les traces étaient : 1° Louise qui épousa M. de Sanzillon de la Chabasserie en 1749, et fut la mère de Mathieu époux de Mlle de Saint-Marsault sous-gouvernante des enfants de France, — les ducs de Berry et d'Angoulème — ils furent les père et mère de M. Etienne de Sanrillon, colonel de gendarmerie de la Seine sous la Restauration, par conséquent, bisaïeul de mes cousines mesdames de Coustin, d'Aix et de Saint-Pierre qui habitent le Périgord ; 2° Elisabeth qui épousa M. d'Abzac de Lascaux et mourut sans postérité ; 3° Autre Louise qui épousa M. de Sanzillon de Jauffrenie et enfin 4° Marie qui épousa M. de Montgibeau juge du Chalard, la marraine et la bienfaitrice de mon père, auquel elle a légué l'abbaye du Chalard que j'habite aujourd'hui.

47. Paul mourut à la Tour le 10 août 1748 et fut enterré le dernier de sa race, dans l'église du Chalard, dans les tombeaux désignés par l'acte du 29 août 1723.

De 1748 à 1818, Mathieu Tenant, seigneur de la Tour, garde du corps des rois Louis XV et Louis XVI, Chevalier de Saint-Louis, fils de Paul et de Gabrielle Jarrit, époux de Madeleine Rempnaud de Vialette, mon aïeul.

Mon aïeul, Mathieu Tenant, avait vingt ans, lorslorsqu'il perdit son père, il resta au château de la Tour, sous la tutelle de sa mère ; il était né audit château le 8 décembre 1728, il s'occupait activement d'agriculture et s'était mis en rapport avec l'intendant Turgot, il introduisit dans sa paroisse la culture des pommes de terre et celle des peupliers d'Italie, desquels il planta les premiers, ainsi qu'en fait foi son livre de comptes
48 en avril 1770 ; il avait vingt-deux ans lorsqu'il entra au service militaire, dans la compagnie écossaise des gardes du corps et y servit jusqu'au 14 janvier 1776, où il fut réformé conformément à l'Ordonnance, après, ainsi que le dit son congé délivré par le maréchal de

Noailles, de bons et loyaux services; il fit, avec la maison du roi, la guerre du Hanovre.

49 En 1778, Mathieu Tenant de la Tour épousa sa cousine, Madeleine Rempnaud de Vialette, veuve de Martial Delignat Lavaud, de ce premier mariage de mon aïeul, contracté en 1760, était né Antoine père de mon cousin Alexis Delignat Lavaud, qui vit encore dans sa propriété de Lavaud et est le père de Jules, maire de Limoges, où il exerça la profession d'avocat, et de Antoine qui habite Saint-Yrieux, aimé de tous ceux qui le connaissent.

Madeleine Rempnaud, était, par sa mère Gabrielle Jarrit, fille de Jean, cousine germaine de M. Jarrit du Theil, elle était donc nièce à la mode de Bretagne, de son mari mon aïeul. Onze ans avant ce mariage et par testament du 28 février 1667, Louis Tenant Escuyer sieur de Lentigaux, paroisse de Sarlande, instituait mon aïeul son héritier universel ; ce Louis était cousin issu de germain de Mathieu, étant fils de François, lequel était fils de Louis, premier du nom sieur de Larivière, fils d'Antoine ; deuxième du nom et frère de François mon trisaïeul ; ce Louis, qui assiste au mariage de Paul, dans
50 l'acte duquel il est dit oncle de ce dernier, épousa une demoiselle de Rochecàille, par cette dernière, il eut le bien de Lentigaux duquel son fils prit le nom : ces Rochecaille n'étaient pas gentilshommes, mais François Tenant qui savait l'être, fit rendre, le 17 septembre 1732, par le bureau de l'élection de Périgueux, une sentence qui, attendu cette qualité, ordonnait qu'il fût rayé du rôle des tailles de la commune de Sarlande ; le même François avait épousé Françoise de l'Hermite sœur de Louis seigneur de Linty ; Louis de Lentigaut était donc cousin issu de germain de Madame de Magnac ma belle-mère Françoise de L'Hermithe, fille de François, fils lui-même de Louis de L'Hermite, du mariage de Mathieu Tenant avec Madeleine Rempnaud, sont nés : 1° Jean-Baptiste, mon père ; 2° Félicité, mariée à Jacques Mannet de Bernier desquels sont issus par Euphrasie, épouse de M. Fleurat, les dames Froidefond de Saint-Rabier et Maleix de Coussac ; 3° mon cher oncle François, ancien garde du corps, ancien juge de paix ; 4° Pélagie, mariée à M. Joseph Gondinet, fils du docteur ancien sous-préfet, mère de

François, directeur du collège de Brive et de Mesdames Lamonnerie et Merland.

En 1793, Mathieu Tenant de la Tour, avait soixante-quatre ans, malgré son âge avancé, transporté d'indignation à la nouvelle de l'assassinat juridique du roi, qu'il avait gardé à son sacre, comme garde de la manche privilège qui appartenait au plus ancien garde de la compagnie écossaise, il se disposait à joindre l'armée des princes, lorsque plusieurs de ses parents et de ses nombreux amis s'opposèrent à son départ, on le descendit presque de force de son cheval ; malgré sa position nobiliaire et ses sentiments bien connus de royalisme, Mathieu ne fut pas persécuté, défendu qu'il était par plusieurs des hommes de la Révolution qui lui étaient sincèrement dévoués ; mais son pauvre vieux château de la Tour n'échappa pas à la tourmente ; ce monument très remarquable de l'architecture du moyen-âge, était par les lois de l'époque, pro tégé contre la destruction ; la Tour servait d'escalier, le rez-de-chaussée était habité par un colon, mais les gens de Chalus, ardents révolutionnaires, dénonçaient l'existence de ce vieux manoir comme dangereuse pour la sûreté publique ; ils disaient qu'ils étaient convaincus des intentions pacifiques du propriétaire ; mais que des gens mal intentionnés pouvaient s'en saisir ; ils menaçaient de le démolir eux-mêmes, si M. de la Tour le laissait subsister ; mon aïeul fut donc obligé de le faire démolir et de faire bâtir pour son colon, qui occupait le bas du château, la maison qu'il habite aujourd'hui. La Tour avait cinq étages, à chacun se trouvait une immense chambre et un grand cabinet ; on en voit encore les ruines qui s'élèvent sur la rivière d'Isle au-dessus de l'écluse.

Ce bon vieillard, mon aïeul, je l'ai parfaitement
51 connu dans mon enfance ; en 1818, lorsqu'il est mort,
j'étais à Dijon au collège et, une lettre du savant M. Peignot, mon proviseur, fait foi de la profonde douleur dans laquelle je fus plongé en recevant la nouvelle de ce cruel évènement de famille ; gamins assez turbulents, mon frère Antoine et moi, nous avions l'habitude de trouver un refuge près de notre grand-père, lorsqu'il était nécessaire de nous corriger et cet asile était énergiquement maintenu par le vénérable vieillard ; il écartait notre mère, avec sa courtoisie prover-

biale pour les dames ; mais notre bon oncle François était, lui, menacé du courroux paternel, dans des termes énergiquement militaires,

Lorsque Mathieu mourut, aimé et vénéré de toute la population comme il l'était dans sa famille, il était sur le point d'achever sa quatre-vingt-dixième année ; mais dans sa noble et gracieuse figure si bien reproduite par mon cousin Alexandre du Gravier, dans ses manières si pleines de dignité et de grâce, on reconnaissait encore, malgré la déchéance de son esprit, l'homme qui avait vécu dans le grand monde et si nous avions eu besoin de faire rectifier nos actes de l'état-civil, il eut suffi de présenter son portrait pour établir que nous avions droit à la particule même nobiliaire, quelques minutes avant d'expirer il fredonnait encore de vieilles chansons, que nous, enfants, aimions tant à lui entendre répéter de sa voix pleine et
52 sonore ; ma mère qui lui prodiguait les soins les plus touchants, ne s'appercevait pas qu'il n'était plus et son âme si pure était déjà au séjour des justes ; heureux en tout, le vénérable soldat après avoir traversé les régnes de Louis XV, de Louis XVI, vu la Révolution, le premier Empire et les deux Restaurations, laissait ses quatre enfants vivants desquels trois étaient déjà entourés de nombreuses familles.

53 **De 1818 à 1862, Jean-Baptiste Tenant de la Tour, chevalier de la Légion d'honneur ; ancien chef de division à l'administration des postes, fils de Mathieu et de Madeleine Rempnaud, époux de Madeleine Jarrige de La Morelie de Masvieux, mon père.**

Je suis arrivé à mon père et je me trouve embarrassé ; pour écrire avec modestie la notice qui le concerne : mon père en effet, type de gentilhomme de la distinction la plus remarquable, réunissait les bonnes qualités de l'homme de l'ancien régime à celles du bon citoyen de l'époque si tourmentée que nous traversons encore ; doué de tous les avantages extérieurs et de l'intelligence la plus élevée. J.-B. Tenant de la Tour avait acquis une instruction complète et variée, malgré les obstacles qu'il avait rencontrés pour la conquérir ; dans l'organisation ou pour mieux

dire la désorganisation républicaine, qui existait dans
l'instruction publique, lorsqu'il était encore dans l'ado-
lescence; il étudiait cependant, vaillant volontaire de
la science des arts et de la littérature, tantôt dans des
greniers avec des religieux des ordres savants qui s'y
cachaient; tantôt dans des pensionnats libres où le
54 maître n'était guère plus le directeur de ses élèves,
que le magistrat ne l'était alors des citoyens qu'il gou-
vernait; il étudiait cependant, il apprenait et il est
mort à quatre-vingt-trois ans étudiant et apprenant
encore; il faisait mieux, dans sa verte vieillesse il en-
seignait; en effet, mon frère Antoine, l'élève distingué de
l'école normale, l'auteur de tant de bons et beaux
livres, mon frère si correctement littéraire, ne publia
jamais une ligne du vivant de son père, sans qu'elle
lui fut soumise; dans leur volumineuse correspon-
dance, véritable cours de haute littérature, il faut voir
avec quel goût de la plus complète sûreté classique,
mon père conseillait un fils, le critiquait, le mainte-
nait dans la pureté de l'expression et de la pensée
littéraire; aussi, mon frère n'a-t-il rien écrit, qui ne
fut empreint de la plus correcte netteté, les billets
mêmes les plus insignifiants de mon père, sont des
modèles achevés, quelque infime que fut la question
qu'il avait à traiter; aussi ai-je avec un soin religieux
conservé tout ce que j'ai rencontré sorti de sa plume.

Tout jeune encore, mon père entrait dans la vie publique; après avoir exercé une foule de petits emplois
55 de la chose communale, il était le 12 août 1811, nommé
suppléant du juge de paix du canton de Saint-Yrieix;
le 12 juillet 1814, il entrait dans la maison du roi,
comme garde du corps de la compagnie de Gramont
avec son frère François; au vingt mars, père de quatre
enfants desquels j'étais l'aîné et j'avais neuf ans,
dédaigneux du prétexte de congé qu'il passait à Saint-
Yrieix, dans un temps où un voyage de cent lieues était
si difficile, il suivait le roi Louis XVIII à la frontière
56 et ne le quittait que sur la licence expresse et impé-
rieuse de Sa Majesté, le 16 novembre 1815, il se dé-
mettait du service militaire et devenait successivement
employé, chef adjoint, chef de bureau et chef de division du personnel à l'administration des Postes; entre
temps, il écrivait dans un journal, des articles pour le
rétablissement de l'ordre de Malte, dans l'intérêt de
57 la lutte héroïque soutenue par les hellenes; aussi le

22 février 1822, la commission souveraine de l'ordre de Saint-Jean de Jérusalem, le nommait conseiller de l'ordre avec l'autorisation d'en porter la croix ; le 22 mai 1825, il était nommé chevalier de la Légion d'honneur ; en 1830, et le 18 août, malgré les instances du nouveau directeur-général, chef de la division du personnel, inspiré des plus honorables scrupules, il quittait l'administration centrale et était sur sa demande nommé inspecteur divisionnaire, fonctions qu'il résignait le 21 mars 1833 avec admission à un traitement temporaire l'emploi étant supprimé ; il se
58 retirait alors dans son vieux manoir du Chalard, où spontanément en 1834, ses concitoyens venaient le chercher pour le nommer membre du Conseil général du département ; il y est resté jusqu'en 1848, et lui absent, j'ai pris sur moi d'écarter sa candidature, pour assurer celle d'un autre conservateur, auquel celle de mon père aurait enlevé toute chance, bien qu'en ayant lui-même de très considérables pour réussir. Enfin en 1846, J.-B. Tenant de la Tour avait succédé à Soumet dans l'administration de la bibliothèque du Château de Compiègne et en 1848 il l'abandonnait volontairement, bien que cette fonction fut autant dans ses goûts que dans ses aptitudes les plus spéciales ; c'est à cette dernière époque qu'il cessa complètement de servir l'Etat après cinquante années de services gratuits ou rétribués presque non interrompus ; cette vie publique laissait encore à mon père du temps pour les travaux littéraires et il a successivement publié : des lettres remarquables sur la bibliographie, une édition de Malherbe annotée par André Chenier de collaboration avec son fils Antoine, une édition du voyage de Chapelle et Bachaumont enfin une édition de Racan, toutes deux faisant partie de la bibliothèque Elzévirienne.

Une vie si bien remplie était couronnée le 18 août 1862, par une mort qui en était digne ; elle fut reçue avec la foi et la résignation d'un chrétien et la sérénité d'un sage ; et moi, au milieu d'une population éplorée à la tête de laquelle marchaient le tribunal en corps et toutes les autorités de Saint-Yrieix, je faisais le 19 août, transporter mon père dans le tombeau de mon aïeul, auprès de la grande croix du cimetière de cette ville ; heureux si un jour il m'est permis de prendre une place auprès d'eux, honoré et estimé de tous comme ils l'ont été l'un et l'autre.

59 Vers la fin de 1802, J.-B. Tenant de la Tour avait épousé ma mère, Madeleine de Jarrige de la Morelie de Masvieux, fille de Léonard et de Louise Devaux de Lavergue; cette union contractée sous la double inspiration de l'amour et des convenances sociales, n'a été troublée que par la mort de mon père chéri; elle avait duré soixante ans.

De nombreux enfants sont nés de ce mariage; deux sont morts en bas âge avant ma naissance en 1805, deux sont morts plus tard, cinq ont survécu : 1° moi Jean-Charles-Marie, président honoraire du tribunal de Saint-Yrieix, maire de la commune du Chalard, chevalier de la Légion d'honneur; 2° Françoise-Marie qui a épousé M. Destrem, ingénieur en chef des Ponts et-Chaussées, chevalier de la Légion d'honneur; 3° Antoine-Louis, secrétaire des commandements de S. A. R. monseigneur le duc et Madame la duchesse de Montpensier; officier de la Légion d'honneur, il a épousé une charmante et exellente femme, fille de M. Griveau, secrétaire-général des invalides et d'une demoiselle des Acres de l'Aigle; auteur de la vie intime d'une foule de bons et beaux ouvrages en prose et en vers, traducteur des mémoires de Silvio Pellico; 4° Marie-Elisabeth, directrice des Postes en retraite, aussi bonne qu'elle est instruite et distinguée; 5° Marie-Caroline, ma filleule chérie, qui a épousé M. Jules Leloir, employé des Postes, frère et oncle des peintres distingués du même nom.

60 **De 1862 à 1875, Jean-Charles-Marie Tenant de la Tour; fils de J.-B. et de Madeleine de Jarrige de La Morelie de Masvieux, époux de Catherine-Aimée de Magnac, président honoraire, chevalier de la Légion d'honneur.**

61 Je laisse ma modeste notice à rédiger à celui de mes enfants ou de mes descendants, qui voudra bien continuer cette intime histoire généalogique je constate seulement, que depuis 1825 jusqu'en 1870 époque à laquelle les odieux usurpateurs du 4 septembre me contraignirent à prendre ma retraite, j'ai, sauf pendant les

...é au Chalard à l'abbaye le 24 juillet 1886.
...é le
...é le 1881 à Sceaux — R. henri IV —
...é le à Fontenay aux Roses
..., le ... 12 —
...é le 25 avril 1891 à Paris rue de l'université 38.

sept années que j'ai exercé à Saint-Yrieix la profession d'avocat, pendant lesquelles j'ai été honoré des fonctions de batonnier de mon ordre, j'ai successivement servi mon pays, comme employé des Postes, substitut et procureur impérial et que dans ce moment même (1875) et depuis 1871 je le sers encore comme maire de ma petite commune nommé d'abord à l'unanimité par le Conseil municipal librement élu le
62 en remplacement d'une Commission municipale, qui s'était installée en 1870, renversant le Conseil municipal légal de la commune ; j'ai été maintenu en 1874 par le gouvernement, qui, ne faisait certainement que suppléer une élection du Conseil municipal duquel j'ai été nommé membre à la presque unanimité des suffrages en 1875.

Aujourd'hui j'ai soixante-neuf ans depuis le 11 septembre 1874 ; je suis outre mes fonctions municipales, président honoraire du tribunal de Saint-Yrieix, chevalier de la Légion d'honneur de 1866, sans avoir sollicité cette distinction.

En 1832, le 21 avril, j'ai épousé, à Excideuil, Catherine Aimée de Magnac de Neuville, (1) fille de Pierre Antoine et de Françoise de l'Hermithe de Rochebrun, nièce de M. de Magnac de Neuville, tué à Wagram avec le général Lassale dont il était le chef d'état-major. De ce mariage sont nés 1° J.-B. Paul, lieutenant au 8e (3) régiment de dragons, qui a fait bravement la guerre de 1870, dans les lanciers de la garde et la guerre de la Commune avec les débris de son corps devenu le 9e de lanciers, qu'il a rejoint sous Paris, venant de Hambourg à ses frais, sur un bâtiment de commerce ; 2° Pierre-Antoine Albert, qui a épousé Pauline-Costis de La Serve et est aujourd'hui percepteur à Luc-sur-Orbieux (Aude) ; lui aussi capitaine nommé à l'unanimité par les mobiles du canton de Nexon, a fait de la guerre de 1870 tout ce que les événements lui ont permis de faire ; il a un fils Jean-Charles-Marie-Geoffroy, que Dieu nous conserve 3° Louise-Mariequi a épousé Pierre-Adolphe Pichon du Gravier, fils de mon regretté cousin Alexandre, conseiller à la cour d'Orléans et de Mme Flavie Gondinet fille du vénérable docteur et sous-préfet de Saint-Yrieix ; il est capitaine au 18e de ligne, chevalier de la Légion d'honneur et a été blessé grièvement à la bataille de Frœschwillers ; 4° Anne-Marie-Louise,

(1) décédée le 18 août 1882 à l'abbaye de Chalard —

(2) décédé à St-Yrieix le

(3) décédé en février 1912 à Margny lès Compiègne, capita

ma bonne et chère Antigonne ; 5° J.-B. Paul-Antoine, employé des Postes à Angoulême.

Je n'ai que d'insignifiantes infirmités suites de l'âge et je me maintiendrai au service, comme maire, tant que me le permettront mes forces physiques et les circonstances politiques ; heureux si je puis avant de mourir, voir la France rendue à la monarchie légitime, libre des influences prussiennes et révolutionnaires, remontée à son rang dans les conseils de l'Europe.

Au Chalard, 1er mai 1875.

Ch. de LA TOUR.

NOTES SUPPLÉMENTAIRES

A mesure que mes traditions, mes souvenirs, ou de nouveaux documents découverts me le permettront, j'ajouterai à ces simples annales ; dès aujourd'hui, je puis dire que le bisaïeul paternel de ma femme était Annet de Magnac écuyer seigneur de Prumilhac que le dit Annet avait épousé Madeleine de Jarrige de Lamorelie des Biards, que le fils d'Annet était Jean de Magnac de Neuville, qui avait épousé Mlle de Villontreix de Sainte-Marie ; je constate ainsi que par sa bisaïeule maternelle, ma femme était parente de ma mère ; le trisaïeul maternel de ma femme, était Jean de l'Hermite seigneur de Linty, qui avait épousé une Pagnon de Lascaux, par cette dernière, elle était encore ma parente du côté de mon père ; son bisaïeul paternel était Louis de l'Hermith qui avait épousé une Jarrit parente très proche de mon aïeul et de mon aïeule paternels ; je constate encore que l'aïeul de la même avait épousé une Raymond de Beausoleil ; je constate encore que les deux grands pères paternels et maternels, les deux grand's-mères paternelles et maternelles, étant nobles, je puis donc sans vanité dire que mes enfants ont les quatre quartiers chose que de nos jours peuvent prouver fort peu de *grands seigneurs*.

Ce qu'il y a de certain, c'est que le 1er décembre 1703 Yrieix de Laubanie était parrain au Moustier d'un fils de son frère François et de Isabeau de l'Hermith fille de Jean et de François Pagnon (V. les registres à St-Yrieix).

J'ai ouï dire à mon père, à mon oncle François et à ma belle-mère que Yrieix de Magontier de Laubanie, lieutenant-général des armées du roi Louis XIV, gouverneur de Landau, commandeur de Saint-Louis et commandant pour le roi dans toute l'Alsace, était proche parent de mon bisaïeul paternel et de ma belle-mère ; enfin notre parentée avec lesJumilhac, se justifie par les actes cités par une lettre du marquis de Jumilhac à mon bisaïeul, au sujet de l'un des fils de ce dernier qu'il voulait faire entrer dans la gendarmerie de la maison du roi et par une autre lettre du fils du même Jumilhac à l'occasion du mariage de mon grand-père, écrite à ce dernier. Cet autre Jumilhac était probablement celui qui, à Fontenoy, commandait les mousquetaires gris. Je me souviens très bien que
63 mon père était fort aimé par le dernier Jumilhac, beau-frère du duc de Richelieu et par le duc lui-même, chez lequel il était souvent reçu, il avait été convenu sous le ministère Richelieu que dans le cas où M. de Jumilhac aurait été nommé commandant de la garde nationale de Paris, mon père eût été son aide-de-camp.

Mon père était aussi en bonnes relations avec M. de Chateaubriand, chez lequel je me souviens avoir porté des cartes de visite, particulièrement à l'occasion de sa rupture avec M. de Villèle.

Quant à moi j'ai été au collège de Dijon et à Saint-Louis avec des personnages très illustres de notre temps ; particulièrement à Dijon avec le père Henri Lacordaire et le maréchal Forey que j'ai vu dans le haut grade et qui m'a écrit bien souvent ; j'ai connu à St-Louis l'abbé Gratry et le comte Napoléon Daru ; ces deux derniers ont fait leur philosophie avec moi sous le professeur Vatelle secrétaire intime du prince Lebrun chez lequel M. de Plancy sous-préfet de Saint-Yrieix m'a dit l'avoir très parfaitement connu et en avoir reçu des leçons, lorsqu'il habitait avec le prince son grand-père à lui Plancy.

Dans le journal de Pierre de Jarrige viguier de la

ville de Saint-Yrieix de 1560 à 1574, continué par son fils Pardoux, qui avait déjà appris la tradition, je trouve que les chefs du parti protestant, étant venus à Saint-Yrieix, en 1569, le comte de Mansfeld, qui avait succédé dans la conduite des forces allemandes venues aux secours des Huguenots, à Wolfrangh, prince des deux ponts, qui était mort à Nexon dans la maison de Anthoine Hébrard l'ancêtre des Vérinas fut logé en la maison de Jehan Rebeyrol, aux faux-bourg de la foire ; le roi de Navarre en la maison du Seigneur de Lajonchapt, le prince de Condé en la maison de l'Eleu Chouly (père de Catherine et de Pierre de Jarrige, mon aïeul au 8. degré du côté de ma mère, et l'amiral de Coliguy en la maison d'Yrieix Tenant) ; cet Yrieix Tenant est certainement mon aïeul aussi au 8e degré du côté de mon père, écuyer seigneur de Champ, qui en 1550, mariait son fils Jean à Anne Fayolle.

Je trouve dans le même journal, que pendant le siège de St-Yrieix par les ligueurs, était dans leur armée, Puygeroux, gendre de Jehan Tenant de la Forge de Baudy ; ce Jehan Tenant est certainement Jehan Tenant de Champ fils d'Yrieix, je n'ai rien trouvé concernant le gendre.

Dans le journal de Pardaux, continuateur de son père, je vis que Paul Tenant était procureur d'office de la Cour royale, probablement il était un proche parent d'Yrieix et le même qui était exécuteur testamentaire avec le chanoine Héli Leymarie, de M. Hélie de
64 Lajonchapt dans le testament de ce dernier que je possède et qui est à la date du 1er mars 1554 Paul était dit juge de la prévoté et procureur d'office du Viguier ; il était probablement le frère d'Yrieix et de François Doyen en 1565.

Sur le journal de Jarrige je lis que Jean était effectivement propriétaire de la forge de Baudy, mais en même temps, comme le prouve son dossier, seigneur de Champ, de Veaux, paroisse de Dussac et Ecuyer ; Puygeroux, son gendre, était certainement un chef important des ligueurs qui assiégeaient Saint-Yrieix en
65 1591 puisqu'il avait un quartier qu'il commandait aux Ayres où était une pièce en batterie au jardin de Pantenie. Ce jardin qui plus tard ou dès lors appartenait aux pères Recolets, était en effet situé à peu près où

est aujourd'hui l'hospice de St-Yrieix, entre la place des hors et le couvent des religieuses du verbe incarné ; en 1667, il confrontait aux fossés de la ville et au chemin qui allait du couvent des pères Recollets au Faubourg des Ayres.

APPENDICE

---

1. Voir au dossier de Jean le contrat de mariage du 20 juillet 1550, reçu par Petit, notaire à Exadeuil.

2. Voir au dossier Varin la facture Thouron.

3. Voir au dossier de Jean le contrat, reçu par Petit.

4. Voir à la bibliothéque du tribunal de Saint-Yrieix, l'ouvrage d'Expilly.

5. Voir aux dossiers de Léonard de Jarrige deuxième du nom ; à celui de Henri de Jarrige, les preuves faites par les Jarrige et les d'Abrac.

6. Voir au dossier de Jean, le vieux règlement fait par Yrieix Tenant au profit du chapitre.

7. Voir au dossier de Jean l'acte du 12 juillet 1580, reçu par Chudraud.

8. Voir au dossier de Jean l'acte du 15 décembre 1579, reçu par Laguiorice.

9. Voir au dossier de Jean l'acte du 7 février 1596, reçu par Chiquet.

10. Voir au dossier de Paul sa généalogie.

11. Voir le contrat du 7 février 1696 au dossier de Jean.

12. Voir au dossier d'Antoine premier du nom, le contrat, reçu Chiquet le 3 septembre 1606.

13. Voir au dossier d'Antoine premier du nom l'acte, reçu par Chiquet le 12 février 1620.

Voir au dossier de Paul sa généalogie.

14. Voir au dossier d'Antoine premier du nom, l'acte du 24 avril 1599, celui reçu par Queiroulet du 9 mai 1599, celui reçu Pasquet, celui reçu par Queiroulet le 26 avril 1625.

15. Voir au dossier d'Antoine premier du nom l'acte reçu par Queiroulet le 10 septembre 1825.

16. Voir au dossier d'Antoine deuxième du nom, l'acte du 31 juillet 1629, reçu par Queiroulet.

17. Voir au dossier de Paul sa généalogie.

18. Voir au dossier de Paul sa généalogie.

19. Voir au dossier d'Antoine deuxième du nom, l'acte du 26 juillet 1629.

20. Voir au dossier d'Antoine deuxième du nom, l'acte de 1641.

21. Voir au dossier d'Antoine deuxième du nom l'acte d'Andrieu du 26 janvier 1650.

22. Voir au registre Dumoutier l'acte de décès, année 1659.

23. Voir au dossier de Paul sa généalogie.

24. Voir au dossier de François deuxième du nom, état des contrats faits par Louise Besse, remariee au sieur de Laroche.

25. Voir au dossier de François deuxième du nom, mémoire pour Me d'Etiveau contre le prieur du Chalard.

26. Voir au dossier d'Antoine premier du nom, l'acte de mariage de François de Jumilhac et son testament. Consultation du 12 janvier 1665 au dossier de François, acte de partage du 28 juin 1668 au dossier de François.

27. Voir au dossier de François, testament Gabrielle.

28. Voir au dossier de François deuxième du nom, la liquidation de la succession de Jean de Jumilhac.

29. Voir au dossier de François le testament.

30. Voir au dossier Varice du Tenant la vente d'un jardin des religieuses et la lettre de Mandineau.

31. Voir au dossier de François, actes de l'Etat civil.

32. Voir la transaction du 10 mai 1683 au dossier de François.

33. Voir au dossier d'Antoine premier du nom la vente, reçu par Queiroulet du 23 avril 1625.

34. Voir au dossier de François la transaction du 10 mai 1683.

35. Voir au dossier de François l'acte de Fournier du 25 février 1683.

36. Voir l'acte de naissance de Paul à son dossier.

37. Voir le testament de Gentil au dossier de François. Actes civils de la commune du Chalard.

38. Voir l'acte de mariage au dossier de François. Acte de

naissance de François. Acte de décès de F. Paignon au dossier de François.

39. Voir au dossier de Paul son acte de naissance.

40. Voir l'acte reçu par Jarrit au dossier de Paul du 8 juin 1700.

41. Voir au dossier de Paul l'acte de mariage du 7 février 1708.

42. Voir au dossier de Mathieu Tenant la transaction du 24 mai 1773 entre ledit Mathieu et J.-B. Jarrit du Theil.

43. Voir au dossier de Paul le contrat du 3 janvier 1714.

44. Voir aux registres de Ladignac, au dossier de François et de Paul les actes de décès.

45. Voir au dossier de Paul l'acte, reçu par Jarrit le 29 août 1723.

46. Voir les actes de naissances aux registres du Chalard à Ladignac à partir de 1708.

47. Voir aux registres du Chalard à Ladignac son acte de décès.

48. Voir au dossier de Mathieu le congé du 1er janvier 1776.

49. Voir au dossier de Mathieu acte de mariage de 1760. Dispenses du 21 juillet 1778 transaction du 24 mai 1773.

50. Voir aux registres du Chalard et au dossier de Paul l'acte du 7 février 1708.

51. Voir la lettre de M. Peignot à mon dossier.

52. Voir au dossier de Mathieu la lettre du docteur Gondinet.

53. Voir au dossier de J.-B. son acte de naissance.

54. Voir au dossier de J.-B. la lettre écrite de Paris à son père.

55. Voir au dossier de J.-B les documents constatant ses emplois, les brevets et quelques lettres.

56. Voir les mémoires d'un bibliophile.

57. Voir au dossier de Jean-Baptiste, le brevet.

58. Voir au dossier de Jean-Baptiste, les brevets et documents.

59. Voir aux registres de l'Etat Civil de 1802 à 1824 les actes de naissance, de mariage et de décès.

60. Voir à mon dossier les actes de naissance et de mariage.

61. Voir à mon dossier les brevets, lettres, etc.

62. Voir aux archives de la mairie les procès-verbaux.

63. Voir au dossier de Jean l'acte, reçu par Petit.

64. Voir au dossier Varia des Tenant, le testament du 1er mars 1554.

65. Voir au dossier Varia du Jarrige, l'acte entre les religieuses

de Sainte-Claire et les pères Recollets, comme le dit une note de M. de Monlaiyat.

66 Capitaine Commandant du 13e Dragons, en retraite, commandant le 4e escadron territorial de la 2e région, marié le 14 septembre 1881 à Mademoiselle Louvet Marie-Julie, desquels sont nés à Margny-lez-Compiègne, le 12 août 1882, Charles-Eugène-Jean-Marie, et le 4 mars 1884, Marie-Louise-Catherine-Josèphe. Louise Marie Julie le 12 avril 1886 et Simon-Antoine Marie le onze juillet 1889.

67. Voir États de service de M. de Magnac de Neuville Pierre-Joseph, extrait du Ministère de la Guerre 1886.

68 – id États des Services de M. M. de Magnac de Neuville – Adolphe et Charles.

69. id de Yriein Eugène frère de ma mère (... aîné de Magnac. Extraits du Ministère de la Guerre)

Compiègne. — Imprimerie Henry Lefebvre.

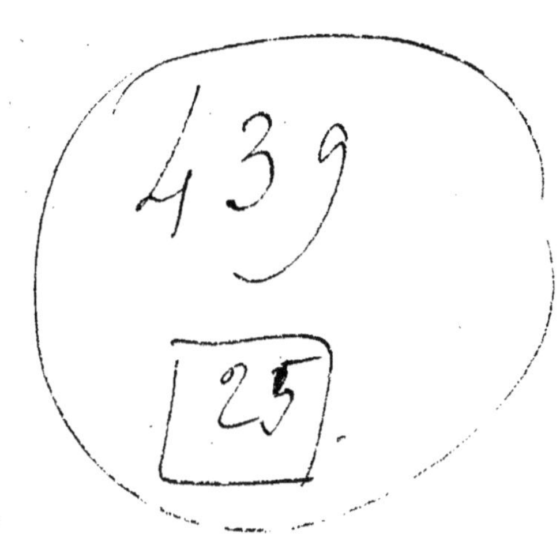
439
25

L'ABBAYE DU CHALARD

(Département de la Haute-Vienne)

par Jean-Baptiste Thenant de La Tour

La France est couverte de restes de monuments du moyen âge dont les uns sont cités avec éclat par les curieux qui les visitent, tandis que les autres demeurent tout à fait ignorés, uniquement parce qu'ils se trouvent placés hors du chemin des explorateurs de ce genre de ruines. Il est bien, sans doute, quelques-unes de ces ruines négligées dont les érudits de la localité s'exagèrent parfois l'importance historique ou archéologique; mais il en est beaucoup aussi qui sont loin de mériter l'oubli complet dont elles restent frappées.

Dans la partie de l'ancien Limousin qui forme aujourd'hui le département de la Haute-Vienne, sur le haut d'une colline au bas de laquelle coule la rivière de l'Isle, qui n'est encore qu'à quelques kilomètres de sa source, et qui sépare, sur ce point, le Limousin du Périgord, l'on aperçoit de loin l'antique abbaye du Chalard, attenant à l'église du même lieu, laquelle ne faisait autrefois qu'un seul tout avec l'abbaye. Voici ce qu'en dit, dans sa *Description des monuments des différents âges* de ce département, M. Allou, dont la science déplore la perte récente :

« Ce monastère, un des plus anciens du Limousin [1], « et *dont on ne voit plus que quelques masures*, fut, dit-on, « fondé vers 801 par Roger, comte de Limoges. Les Nor- « mands le détruisirent sous Charles le Chauve, après « avoir massacré l'abbé Paul avec tous ses religieux. Il « fut réparé au onzième siècle par Geoffroy de Silo, aidé « des seigneurs de Lastours, de Saint-Viance et de Com- « born. Cette maison devint plus tard un prieuré conven- « tuel. Les Anglais s'y établirent en 1419, sous les ordres « d'un capitaine Beauchamps, et commencèrent à rava- « ger les environs jusqu'aux portes de Limoges. Les con- « suls rassemblèrent aussitôt une petite armée qui, jointe « aux troupes des seigneurs de Lastours et de Mortemart, « assiégea les Anglais et les força à évacuer leur re- « traite.

« Il est à remarquer que le bourg du Chalard porte le « nom de *Peyroulier* qui veut dire chaudronnier, ce qu'on « explique par la présence de certaines scories de cuivre « répandues aux environs, et qui semblent annoncer l'existence de quelques anciens fourneaux. »

1. Bonaventure, Nadaud, etc.

C'est là tout ce que contient le livre de M. Allou sur le bourg du Chalard, et l'on ne pourrait pas probablement y ajouter grand'chose sous le rapport historique proprement dit. Mais celui qui écrit ceci, étonné à bon droit de ces mots : « quelques masures, » ayant cherché à savoir comment le savant archéologue avait formé son opinion à cet égard, apprit qu'il ne s'était jamais rendu au Chalard de sa personne, et qu'il avait accepté, sans doute, un renseignement aussi erroné de gens mal fixés sur le véritable objet de ses recherches, si même il ne l'avait pas tout simplement recueilli à quelque vieille source imprimée, peu digne de la confiance d'un homme aussi éclairé.

Cette abbaye se compose encore aujourd'hui de deux grands corps de bâtiments, l'un d'environ trente-deux mètres de long sur plus de dix de large, l'autre de vingt-trois mètres sur dix, et le premier avec un retour formant corps de logis d'environ dix mètres sur six, cette dernière partie entièrement dénaturée par de successives modifications. Rien, dans les restes de ce monument, n'est à l'état de *masures ;* seulement tout annonce que les bâtiments étaient, dans l'origine, terminés, à une très-grande hauteur, par des voûtes recouvertes de pierres plates, dont le poids avait fini par amener quelque écartement dans les murs, ce qui a mis, à différentes époques, les usufruitiers de cette abbaye dans la nécessité de substituer une charpente aux voûtes dont nous parlons. L'extrémité droite de notre gravure offre seule l'état primitif, et suffit pour fixer pleinement sur tout ce qui a précédé.

Les murs sont bâtis en blocs de pierres d'une dimension qui n'est guère employée dans les constructions modernes, même les plus monumentales. Un peu avant la naissance des voûtes supérieures régnait un cordon saillant de grandes pierres taillées avec soin, que le changement de toit et les autres réparations n'ont pas fait disparaître entièrement. La façade du corps de bâtiment qui tient à l'église présente, construits dans le mur lui-même, six arceaux à plein cintre, avec une imperceptible indication d'un commencement d'ogive, et, de loin en loin, de même qu'à l'autre bâtiment (qui n'a point, lui, d'arceaux extérieurs), de simples piliers carrés. Du reste, aucun luxe d'architecture extérieure; et la sévérité autant que la solidité de la forme, la rareté comme l'exiguïté des anciennes ouvertures, les nombreux souterrains, dont quelques-uns aujourd'hui, transformés en belles caves, portent encore des vestiges de communication avec d'autres points du monument qui n'existe plus, tout annonce que cette abbaye, ainsi que la plupart des anciens monastères, offrait, à la fois, un point fortifié contre tout ennemi et un monument religieux.

A l'intérieur régnait, dans presque toute la longueur du plus grand des deux corps de bâtiments dont nous avons parlé, une pièce qui, partagée aujourd'hui en deux, a fourni, au moyen d'une seule de ses moitiés, un salon-bibliothèque de la plus grande dimension, et dans lequel les formes architecturales primitives ont été religieusement conservées. Les parois sont, comme la façade extérieure du bâtiment opposé, marquées par des arceaux qui présentent dans les intervalles des têtes grossièrement sculptées, mais avec l'énergie particulière au temps. Le tout est divisé par de minces colonnes qui s'élèvent à une assez grande hauteur, système reproduit dans la forme de l'immense et unique cheminée de l'ancien appartement. Les deux extrémités de cette aile se terminent chacune par une pièce moins grande, mais du même style ; enfin la division intérieure de l'autre bâtiment est à peu près la même : c'est aujourd'hui une grange à foin[1].

Mais la partie la plus intéressante peut-être de cette antique abbaye, c'est, sous le bâtiment contigu à l'église, une pièce à demi souterraine, de plus de dix mètres de long sur environ sept mètres de large. La voûte est formée d'arceaux croisés, supportés, au milieu, par deux colonnes dont l'une est un très-beau monolithe, et sur les côtés par dix-huit colonnettes dont huit, divisées en deux parties, et groupées par quatre de file, partagent deux arcades destinées à éclairer ce bâtiment souterrain. Quelques personnes ont cru reconnaître dans la forme de cette pièce celle des anciens réfectoires de religieux; son étendue, moindre que celle des autres grandes pièces, semble repousser cette idée. Cela n'aurait-il pas été, tout simplement, un de ces cloîtres uniquement destinés à la méditation et à la promenade intérieure? Cette pièce, du reste, est dans un très-bon état de conservation.

Tels sont les restes actuels de cette vieille abbaye : tout ce qui l'entoure, les vestiges du passé comme le paysage lui-même, s'harmonise admirablement avec son caractère primitif. Du côté de l'Isle, vers la gauche, des rochers escarpés dominant des prairies verdoyantes, à l'extrémité desquelles on aperçoit les ruines de la vieille tour d'Estiveaux, démolie en 1793, et connue, depuis longtemps,

1. Une partie notable de ce côté des bâtiments fut disposée pendant quelques années avec un toit formant terrasse, comme cela se voit dans la gravure ; mais on a été obligé depuis d'y replacer une charpente ordinaire dans des vues de conservation.

sous le simple nom de *la Tour*. A droite, au bord de la rivière, l'ancien moulin qui servait aux moines, transformé depuis en une jolie minoterie. Sur la hauteur, une petite esplanade qui a retenu le nom de *tombeau*, d'un sépulcre de pierre qu'on y voyait autrefois, et qui fut placé, il y a une trentaine d'années, sous l'écoulement des eaux du presbytère. Un peu plus loin, dans une gorge immense, au milieu de laquelle se précipite la rivière pour se diriger vers Périgueux, une sorte de promontoire couvert de grands bois, où l'on remarque quelques traces d'un monastère de femmes, et qui porte encore le nom significatif de *Mongiau*. Pour point de vue, au couchant d'été, tout à fait à l'extrême horizon, les ruines du vieux château de Courbefy (*curvi fines*). Un peu au-dessous, l'antique prieuré de Saint-Nicolas. Revenant par le même côté, vers le milieu de la colline qui porte l'abbaye, des vestiges de maisonnettes recouvertes de mousse, que la tradition assure avoir été les modestes usines de quelques ouvriers en cuivre. Enfin, au nord de l'église, l'ancien cimetière des religieux, aujourd'hui celui de la commune, couvert de nombreuses tombes, soit en granit, soit en serpentine, mais presque toutes sculptées avec plus ou moins de soin, quelques-unes portent les attributs d'une profession, de maréchal, de tisserand, etc. (étaient-ce des moines ouvriers, ou ces tombes sont-elles d'une époque plus récente?); une ou deux offrent la tunique plus décisive du religieux; en tout, une réunion de pierres tumulaires telles qu'on n'en voit guère de semblables dans le pays.

Quant à l'église, qui, comme nous l'avons dit en commençant, paraît avoir fait autrefois partie intégrante de l'abbaye, et qui, ainsi qu'on peut le voir dans la gravure, a aussi de son côté quelque chose de très-monumental, nous ne nous arrêterons point ici à la décrire en détail. Si le soin devait jamais en être pris par quelqu'un, il appartiendrait de droit à un ecclésiastique de ce département, fort érudit dans l'architecture religieuse. M. l'abbé Texier, nous le savons, a visité l'église du Chalard, où il aura sûrement remarqué, entre autres choses, une assez belle construction en bois, sculptée dans le style du moyen âge, renfermant vers le milieu la châsse qui contient les reliques de saint Geoffroy, et, sous sa base, le tombeau du saint; mais il aura cherché inutilement celui de Gouffier de Lastours, que plusieurs chroniqueurs décrivent, dont ils donnent l'épitaphe, et qu'ils placent dans une chapelle souterraine qui existe encore, mais d'où on l'aura probablement enlevé depuis pour le transporter ailleurs, si même il n'a pas été détruit dans quelqu'une des invasions postérieures à son exécution.

Nous regrettons vivement que le propriétaire de l'abbaye, absent lorsque M. l'abbé Texier a visité cette église, n'ait pas pu appeler l'attention d'un juge aussi éclairé sur les divers points archéologiques de l'autre monument dont nous n'avons donné ici qu'une imparfaite description.

J.-B. T. de L.

(Extrait du *Magasin pittoresque*, XIII, avril 1845.)

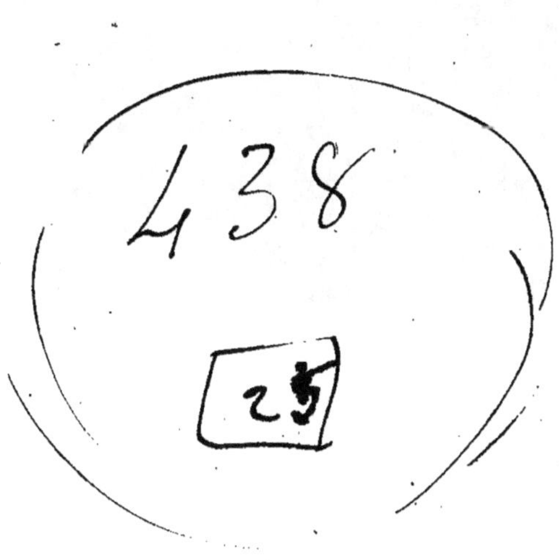

Gravure du MAGASIN PITTORESQUE.

Imprimé par J. Best.

RUINES DE L'ABBAYE DU CHALARD, DÉPARTEMENT DE LA HAUTE-VIENNE

www.ingramcontent.com/pod-product-compliance
Lightning Source LLC
LaVergne TN
LVHW010106230826
846091LV00005B/2107

* 9 7 8 2 0 1 2 9 3 9 5 4 7 *